Le TAROT du NOUVEAU DÉPART

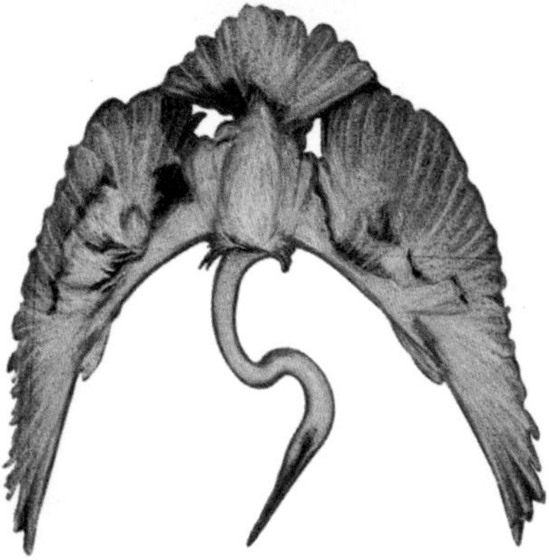

Titre original : *The New Chapter Tarot*.
Publié pour la première fois en anglais par Liminal 11.

Traduit de l'anglais par Claire Verger.

ISBN : 978-2-38135-189-6

www.editions tredaniel.com
info@guytredaniel.fr
www.facebook.com/editions.tredaniel
@vegaeditions
@tredaniel_eso

KATHRYN BRIGGS

Le TAROT du NOUVEAU DÉPART

ÉDITIONS
VÉGA

19, rue Saint-Séverin
75005 Paris

SOMMAIRE

PRÉFACE

Ce tarot vous procurera, je l'espère, de nombreux plaisirs ; ceux-ci commencent par son titre. À l'origine, Kathryn Briggs a créé ce tarot (initialement composé uniquement de cartes individuelles) afin d'explorer les différentes possibilités qui s'offraient à elle alors qu'elle traversait une période de crise et de transition dans sa vie. Elle commença par dessiner la carte de la Roue de Fortune (symbole de ce qui donne la vie et c'est ce que font les cartes du tarot : elles donnent une vie concrète à des émotions et des possibilités) pour accompagner la période de grand changement qu'elle traversait. Elle se représenta ensuite en tant que Cavalier de Coupes afin d'incarner ses propres réponses. Notons qu'elle n'a pas choisi de se représenter une Épée à la lame fine et bien aiguisée, ni une puissante Baguette magique à la main. À la place, le personnage tient une Coupe symbolisant les émotions. On notera également qu'elle n'a pas choisi la Reine, mais le Cavalier. Nos vies et ce que nous y expérimentons façonnent les cartes ; lorsque nous les tirons, elles nous autorisent à faire l'expérience de nous-mêmes. Nous sortons alors de nos notre mental et découvrons qui nous sommes.

Il n'est pas rare qu'il se passe quelque chose de difficile dans nos vies et que nous nous mettions à créer. Nous transformons ainsi nos expériences et nos émotions en art (en particulier l'art fonctionnel qui est de l'art qu'on ne se contente pas de regarder, mais qui est utile à nos vies). L'art prend alors une autre dimension : il est à la fois planifié et inattendu. Puisque chaque image a ses propres besoins (les couleurs, les formes et les expressions les plus appropriées), l'art n'est pas seulement le fruit de notre pensée ressemblant à un diagramme de Venn compliqué, mais il nous révèle les choix et les possibilités qui s'offrent à nous. Notre vie s'ouvre alors sur un nouveau départ qui devient réel et va bien au-delà des analyses mentales et des différentes possibilités envisagées. En écrivant cela, je réalise que j'ai traversé un processus similaire quand j'ai créé mon *Shining Tribe Tarot* à la fin des années 1980/début des années 1990. La plupart des aspects de ma vie étaient en crise : une relation importante prenait fin, et (comme Kathryn) j'étais sur le point de quitter le pays où je vivais depuis vingt ans (les Pays-Bas dans mon cas) pour retourner vivre aux États-Unis. J'avais commencé à élaborer mon tarot, mais je n'avais encore dessiné aucune carte. Une de mes amies m'a alors proposé de profiter de sa cabane dans les bois non loin de la côte et de m'en faire un refuge. C'est là-bas que j'ai dessiné mes cartes de tarot. Des idées et des sentiments qui étaient vagues jusqu'alors prirent peu à peu forme. Et puisqu'elles ne me donnaient aucune instruction stricte (*fais cela, ne fais pas cela*), elles m'aidèrent à revenir à la vie. On revient souvent à l'art créatif lorsque l'on traverse des temps difficiles. Cette approche est un merveilleux moyen d'exprimer le bouleversement et l'incertitude. Mais quand le support artistique choisi est un tarot, l'art dépasse l'expression personnelle. Le tarot est une tradition et est constitué d'une structure. Il raconte une histoire qui s'articule comme une série de chapitres. Les premiers tarots apparurent au milieu du XVe siècle en Italie. Il s'agissait de cartes à jouer représentant de véritables œuvres d'art dont l'imagerie élégante et élaborée attisait l'imagination. On trouve des personnages de la société de l'époque, mais également des images religieuses et mythologiques, un Empereur et une Impératrice ainsi que des Rois, des

Reines, un Pape et ce qui ressemblait fortement à une femme Pape (une Papesse, telle qu'elle fut appelée par la suite). La carte de la Mort est représentée par un squelette portant un arc et des flèches accompagné d'un ange invitant les morts à s'élever au-dessus de leurs tombes. Sur la carte du Chariot, une femme trône, tirée par des chevaux aux ailes d'or. Sur celle du Pendu, figure un jeune homme visiblement serein la tête en bas, suspendu par un pied. Sur la carte du Soleil, l'astre rayonne tel un visage ardent et radieux au-dessus d'un enfant gracieux.

Toutes ces images constituent le premier chapitre du tarot. Elles avaient vocation à favoriser l'inspiration poétique et artistique. À l'époque, faisait-on des tirages avec ces cartes ? Nous n'avons aucune information à ce sujet mais, ce qui est certain, c'est que les gens « lisaient » dans tout et interprétaient tout, allant jusqu'à trouver un sens au nombre de trous dans le fromage et à la quantité de crottes des poules sacrées. Toutes ces superstitions n'empêchèrent pas le tarot de connaître un véritable succès partout en Europe.

En 1781, le second chapitre du tarot apparut. Deux occultistes français déclarèrent que le tarot était une expression picturale déguisée vouée à faire connaître les anciens mystères de l'Égypte antique. Le tarot devint alors l'incarnation de la magie et des doctrines secrètes. Bientôt, un autre Français créa un tarot au but bien spécifique : la divination. Bien que les cartes du tarot soient encore aujourd'hui utilisées pour jouer, le tarot employé à des fins magiques et révélatrices de vérité prit racine à cette époque.

En 1909, une nouvelle version apparut et fit connaître le tarot dans le monde entier. Connu sous le nom de *Tarot de Rider-Waite-Smith* (il portait alors le nom de la première maison à l'avoir publié, le Rider of London, ainsi que du créateur du tarot : Arthur Edward Waite, et de l'illustratrice : Pamela Colman Smith), des saynètes sont représentées sur chaque carte. Par exemple, dans la version du *Rider*, le Six d'Épées montre trois personnes traversant des eaux sombres en bateau.

Bien que le tarot *Rider* ait toujours eu une vocation profondément occulte, c'est la qualité de son histoire qui l'a rendu si populaire. Des centaines de versions du tarot se sont inspirées et ont adapté les scènes du *Rider* de façons diverses (des sorcières aux traditions de différentes cultures et ethnies sacrées et spirituelles, en passant par les communautés LGBTQIA+, les corbeaux, les lapins, les fontaines de Paris, le baseball...).

Il existait une autre branche de cette version du tarot moderne, une sorte de jeu occulte tape-à-l'œil appelé *Thoth*, en hommage au dieu égyptien initialement invoqué en 1781. Alors que le *Rider* donne à voir des histoires, le *Thoth* (illustré par le célèbre magicien occultiste Aleister Crowley et peint par Frieda Harris) met en scène des images au symbolisme mystérieux, exotique et érotique.

L'aisance et la grâce avec lesquelles Kathryn Briggs réunit les images et la signification des deux tarots modernes dans celui-ci en font une nouvelle version du tarot et en révèlent la portée universelle. Elle va même au-delà pour créer sa propre conception du tarot. Certaines images (telles que le Cavalier de Disques) sont clairement issues des scènes dramatiques des cartes de Frieda Harris. Et en effet, le choix même du terme Disques plutôt que Pentacles (ou Pièces dans les tarots plus anciens) est un hommage rendu à Crowley tandis que d'autres, en particulier les Quatre (de Baguettes magiques, de Coupes, d'Épées, de Disques) mettent en avant des thèmes dramatiques, des variantes, voire des copies des scènes provenant du *Rider*.

Et pourtant, *Le Tarot du Nouveau Départ* est bien plus qu'un savant mélange constitué de styles et de symboles. Ce qui fait sa force, sa cohérence, son unité vient de la beauté et du drame contenu dans l'art de Kathryn Briggs. Les couleurs vives et intenses rendent les cartes tellement agréables à regarder : les détails stylisés des visages (au raffinement extrême), la douleur

d'Odin dans le Huit d'Épées, ou la férocité de l'archer dans le Huit de Baguettes magiques. Un autre élément qui fait de ce tarot un *nouveau* tarot est la façon élégante dont il règle un problème que le tarot contient depuis toujours : une structure sexiste, en particulier les cartes de la Cour qui ne sont pas seulement teintées de rôles masculins ou féminins, mais représentent essentiellement des personnages masculins (le Valet, le Cavalier et le Roi) et seulement une femme, la Reine. Kathryn rééquilibre cela en remplaçant le Valet par une figure princière (cela lui a été inspiré par le *Thoth*). Elle va même beaucoup plus loin en alternant Princes et Princesses et en remplaçant parfois les Cavaliers par des héroïnes.

De plus, la manière de tirer les cartes rompt avec l'aspect traditionnel binaire de certains présupposés genrés et sexuels. Kathryn Briggs nous invite à nous voir en chaque carte. La carte ne représente pas quelqu'un ou quelque chose d'extérieur qui influence votre vie, mais vous-même. Dans les anciens tarots et dans les livres sur ce sujet, l'art divinatoire induit toujours que « quelque chose » arrive à la personne à qui l'on tire les cartes. Dans le tirage traditionnel du tarot, la personne subit alors les événements avec une sorte de fatalisme passif. *Le Tarot du Nouveau Départ* nous redonne notre pouvoir. Nous sommes à même d'affronter des défis, de faire des choix. En nous associant aux cartes, nous créons *Le Tarot du Nouveau Départ* dans nos vies.

RACHEL POLLACK

Auteure de *Seventy-Eight Degrees Of Wisdom*
et cocréatrice du *Raziel Tarot*

INTRODUCTION

Lorsque j'ai commencé ce tarot, il ne ressemblait pas à celui que vous avez aujourd'hui entre les mains. Quand j'ai commencé à dessiner une version de la Roue de Fortune, c'était surtout une façon de transformer des émotions lourdes et complexes qui m'habitaient. Je venais de réaliser que la relation amoureuse que je vivais arrivait à son terme. Et pas seulement ma relation : j'arrivais à un tournant dans ma vie. Cela faisait huit ans que j'étais une immigrée ayant obtenu un visa grâce à un mariage. Je n'avais aucun contact professionnel dans mon pays d'origine et, en dehors de ma famille, aucune communauté ne m'attendait chez moi. Étais-je prête à renoncer à ce qui constituait toute ma vie ? Allais-je risquer de quitter ce que je connaissais pour me lancer dans l'inconnu et prendre le risque de vivre ce qui, alors, n'était que potentiel ?

Il y a une raison pour laquelle je me suis mise en scène dans le Cavalier de Coupes.

Le choix que je devais faire (rester en Écosse ou rentrer chez moi) fut la décision la plus difficile que j'ai jamais eue à prendre. J'aimais ma vie en Écosse : le travail, les BD, les amis, le pays lui-même. Et Dieu sait qu'en même temps, retourner aux États-Unis me tenait particulièrement à cœur. J'ai alors voulu transformer mes émotions en art. J'ai dessiné les cartes les unes après les autres, au fur et à mesure de mon besoin d'aborder tel ou tel sujet.

Ce tarot est une histoire, un voyage, un autoportrait du changement. La Reine d'Épées est l'amie qui m'a laissé pleurer sur son épaule avant de me donner un conseil avisé. Le Huit de

Coupes est la dernière carte que j'ai peinte avant de quitter l'Écosse. Le Six de Disques est le cha[…] que j'ai adopté à mon arrivée en Amérique et qui m'aide aujourd'hui à me sentir enracinée. La Force est l'amie que je n'avais pas vue depuis vingt ans, revenue elle aussi vivre dans le lieu où nous avions grandi, mais auquel nous n'avons jamais appartenu. Et le Roi de Coupes est l'amour qui a déclenché ce changement : un nouveau partenaire pour un nouveau départ. J'ai peint chaque carte de ce tarot en méditant. Une émotion émergeait, je la transformais en carte et je ressentais un immense soulagement.

Et quatre-vingts méditations plus tard, le tarot est complet. J'ai une nouvelle vie et je fais partie d'une communauté d'espoir constituée d'amitiés et d'amour. Je me sens tellement reconnaissante d'avoir été soutenue par ma famille et mes amis dans cette aventure. Je me sens pleine de gratitude pour l'amour profond et la compréhension que le Roi de Coupes et moi-même vivons ensemble. J'ai plongé dans le bonheur en sachant que rien n'était garanti (également consciente que le regret et le fait de ne pas être 100 % honnête avec moi-même serait plus douloureux que de prendre un risque et d'échouer). Le Fou est la dernière carte que j'ai créée, en hommage à l'élan que j'ai eu envers mon authenticité et mon bonheur. Le cycle de la Roue de Fortune a été accompli. Cela en valait la peine.

Soyez bénis et remerciés !

KATHRYN BRIGGS

INTERPRÉTER LE TAROT

La cartomancie existe depuis des siècles et des centaines de livres ont été écrits sur le sujet du tarot, ce qui en fait un art intimidant. En réalité, il est impossible de mal interpréter le tarot. Aussi longtemps que les cartes vous parlent, tout est possible. Et si vous apprenez le langage du tarot, tout sera plus clair.

Le tarot est, à un niveau basique, un système élaboré constitué de symboles. Il rassemble la numérologie, l'astrologie, la magie, les archétypes et même l'alchimie, le tout représentant un ensemble permettant de percevoir le monde à travers le prisme d'un kaléidoscope. Avec ses 78 cartes, tous les scénarios sont possibles (du moins, en théorie). *Le Tarot du Nouveau Départ* est un trésor de symbolisme.

Les cartes sont truffées de références aux plantes médicinales. Voyez si vous pouvez repérer différentes fleurs et herbes et réfléchir à leur signification. Par exemple, les couronnes de fleurs sur le Trois de Coupes symbolisent la célébration. Celles-ci sont faites de nénuphars (le signe du Poissons et la connexion), de crocus (Hermès, qui préside cette carte selon le tarot de Thoth) et de myrte (Aphrodite, qui symbolise la dévotion). En quoi savoir cela change-t-il votre interprétation de la carte ?

Les symboles alchimiques sont dissimulés un peu partout, de même que les signes astrologiques. L'iconographie sociale figure également dans ce tarot (la roue et la faucille en tant que symboles de révolution sur la carte de Cinq de Baguettes magiques). Vous trouverez également des références historiques (le Cavalier de Coupes porte l'armure de Jeanne d'Arc, sur l'As d'Épées on distingue un khépesh égyptien de l'âge du bronze). L'arbre de vie de la Kabbale se cache également dans plus d'une carte. On retrouve aussi le système des chakras dans le tarot. Les majestueux symboles mis à part, les symboles utilisés dans le tarot peuvent être aussi simples que des mains jointes ou des rideaux étoilés tirés de côté pour révéler les mystères. Et bien sûr, il n'y a pas de bonne ou de mauvaise carte. Le tarot ne repose pas sur un système binaire ; au contraire, il traite de l'expérience humaine, de nos espoirs et de nos déceptions, de nos idéaux et de nos lacunes, de nos joies et de nos angoisses. Alors, tirez une carte. Quel symbole voyez-vous ? Quelles émotions est-ce que cette scène évoque en vous ? Qu'est-ce que cela signifie sur votre chemin de vie personnel ? Réfléchissez à cela, puis lisez le texte figurant sur la carte. Et voilà, vous venez d'interpréter le tarot. Vous voyez, ce n'était pas si effrayant !

LES TIRAGES

Bien sûr, un bon tirage ne vient pas des cartes. Il dépend aussi de la manière dont vous les agencez. Les tirages sont essentiels pour interpréter le tarot, puisqu'ils vous permettent de déterminer la manière dont chaque carte répond à votre demande. Vous pouvez même faire un tirage de tarot sous forme de rituel, en invoquant des guides que vous avez choisis et en utilisant les cartes comme des supports de communication avec eux ou pour acquérir une plus grande connaissance des mystères. Ces tirages ont été spécifiquement créés pour *Le Tarot du Nouveau Départ*. Ils explorent les thèmes des cartes en particulier. Interpréter le tarot est à la fois un art et une exploration, cela demande de la pratique, mais également de l'expérience et de la technique. Sentez-vous libre d'inventer de nouveaux tirages ou de créer le vôtre, pour approfondir et étoffer vos interprétations.

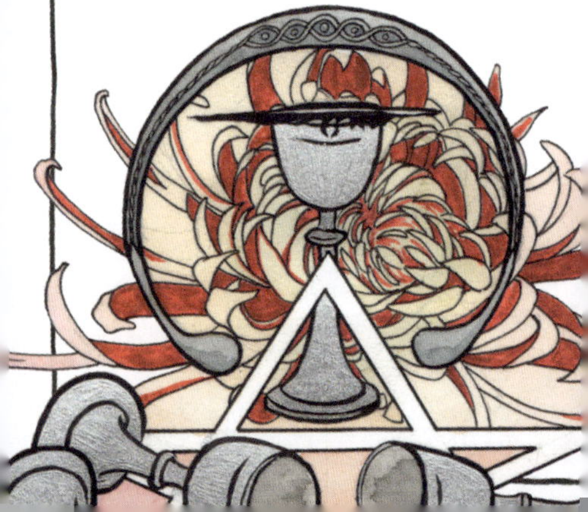

TIRAGE À QUATRE CARTES

Ce tirage rapide et facile a pour but de répandre de la lumière sur le chemin sur lequel vous êtes actuellement, ou sur un autre chemin que vous envisagez de prendre.

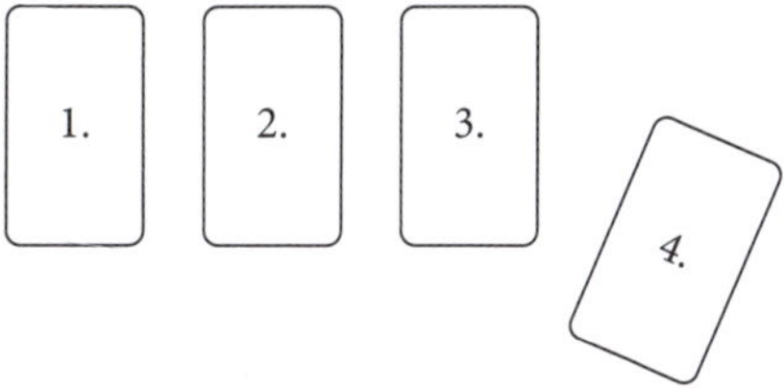

1. **DIRECTION** : où vous allez
2. **VOYAGE** : comment vous y rendre
3. **RÉSULTAT** : ce qui adviendra
4. **CONSEIL** : comment vivre le voyage

HÉCATE AU CARREFOUR

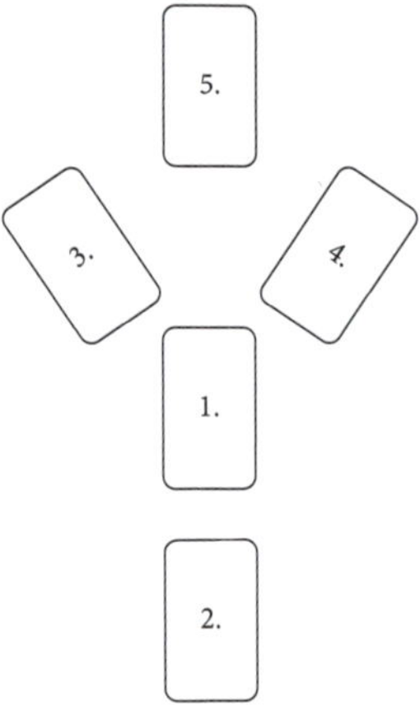

1. Hécate
2. Ce que vous avez besoin de laisser aller.
3. Ce que vous devez affronter et résoudre.
4. Ce que cette décision va vous apporter de positif.
5. Qu'est-ce qui vous pousse à aller de l'avant ?

Le Tarot du Nouveau Départ évoque les commencements, les décisions et le grand voyage qu'est la vie. Ce tirage invoque Hécate, la déesse de la magie, de la mort et des carrefours. Elle vous aidera à voir plus clair dans les décisions que vous avez à prendre. Choisissez une carte qui LA représente. Une fois que vous avez mélangé les cartes, tirez une carte sur le haut du paquet. Cela représentera la torche d'Hécate : la lumière au carrefour (5). Posez-la face cachée. Ne la retournez pas encore.

Choisissez maintenant une carte qui représente Hécate. Choisissez ensuite une carte qui représente la manière dont Hécate va répondre à votre demande (comme s'il s'agissait de piocher la carte qui vous représente). Par exemple, si vos questions portent sur un choix de carrière, vous pouvez choisir la Reine de Baguettes magiques. Si vous êtes à un carrefour spirituel de votre vie, la Grande Prêtresse peut convenir à votre demande.

Choisissez dans le paquet une carte qui représente Hécate. Placez-la au centre (1). En commençant par l'endroit où vous avez pris la carte qui représente Hécate dans le paquet, prenez la carte derrière elle (2) et deux autres avant elle (3, 4). Ces cartes forment respectivement la Base, l'Embranchement gauche, l'Embranchement droit. Tournez les cartes dans l'ordre où elles apparaissent jusqu'à la dernière qui représente la Lumière (5).

VIE ÉQUILIBRÉE

1. CARTE PRINCIPALE
2. DE QUOI AI-JE BESOIN EN CE MOMENT ?
3. QU'EST-CE QUI PEUT M'AIDER ?
4. COMMENT SE PORTENT MES AMITIÉS ?
5. COMMENT VONT MES RELATIONS FAMILIALES ?
6. À QUOI RESSEMBLE MA VIE AMOUREUSE ?
7. COMMENT VA MA CARRIÈRE ?
8. COMMENT PUIS-JE ATTEINDRE MES OBJECTIFS ?
9. QU'AI-JE BESOIN DE CONSERVER ?
10. QUE PUIS-JE FAIRE POUR TROUVER UN ÉQUILIBRE DANS TOUT CELA ?
11. FUTUR

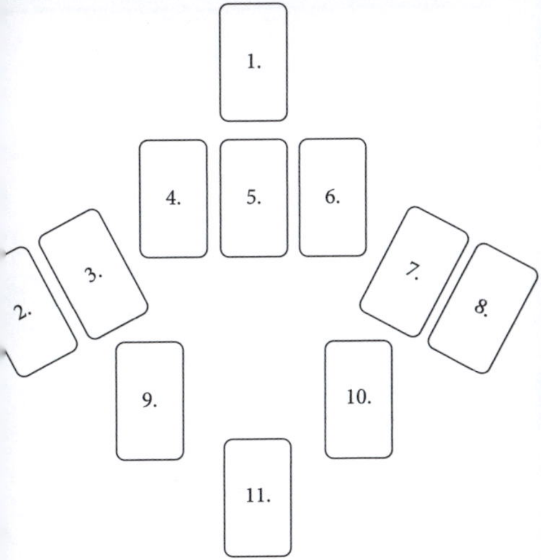

Ce tirage a pour but de vous permettre de faire le point sur votre vie. Il vous invite à explorer les différents aspects de votre vie et à chercher ce dont vous avez besoin pour vous aider à retrouver un équilibre. Mélangez les cartes comme vous avez l'habitude de le faire, et laissez les cartes se présenter dans l'ordre ci-dessous.

La carte principale (I) est la situation dans laquelle vous êtes actuellement. Par exemple, si vous tirez la carte du Magicien, cela signifie que vous êtes probablement dans une période de création et de développement intellectuel. La carte du futur (II) apporte des informations sur ce qui est sur le point d'arriver dans votre vie.

FRANCHIR LE SEUIL

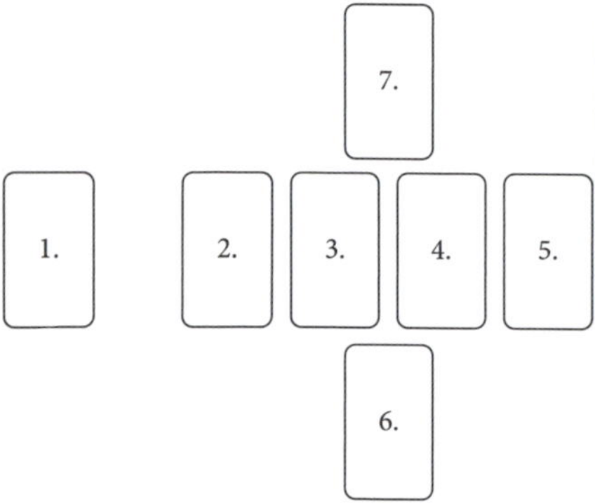

1. INVOCATION
2. SAGESSE
3. PUISSANCE
4. MOI
5. CONSCIENCE
6. LE MOI DU PASSÉ
7. LE MOI EN DEVENIR

Ce tirage ressemble à un rituel, un moyen de communiquer avec un guide que vous auriez choisi pour vous préparer à traverser un seuil personnel.

Commencez par invoquer votre guide (1). Cela peut être un dieu ou une déesse, un esprit, un archétype auprès de qui vous souhaitez recueillir des informations. Demandez-lui de rejoindre le tirage, puis mélangez les cartes et tirez une carte qui le représente. La manière dont il se manifeste peut être variable et est censé apporter plus de clarté à votre interprétation.

Constituez ensuite le Seuil (2, 3, 4, 5). Ces cartes représentent des aspects que vous aimeriez explorer. Les exemples donnés ici sont : la Sagesse, le Pouvoir, le Moi et la Conscience, mais vous pouvez construire le Seuil en utilisant d'autres aspects qui vous plaisent plus ou vous correspondent mieux. C'est une opportunité de dévoiler des secrets, de sonder des mystères, de regarder derrière soi.

Pour finir, tirez encore deux cartes. Placez-en une sous le Seuil (6) et une au-dessus. Ces cartes représentent qui vous étiez et qui vous pourriez devenir. Adaptez ce tirage à votre guise pour avoir plus d'informations de la part de votre guide.

LES ARCANES MAJEURS

Ces cartes sont issues des archétypes et des histoires archétypales. Elles représentent les questions, les luttes et les moments décisifs de nos vies. Elles retracent le voyage du Fou innocent qui se transforme au fil des épreuves et des réussites et qui devient quelqu'un qui fusionne avec l'Univers. Les arcanes majeurs représentent des forces incontrôlables, des aspects de nos vies plus profonds que nos préoccupations quotidiennes. Ces arcanes symbolisent des situations perçues dans leur ensemble, de manière vaste ; ils nécessitent toute notre attention.

Passez l'éponge, libérez-vous de toute attente.

Le Fou prend un nouvel élan, vous invitant à partir sur les chemins le cœur ouvert, à savourer l'inconnu et son champ des possibles. Le Fou est la vie même. Cette carte incarne l'espoir et l'optimisme et représente la chance inhérente au fou, le renouveau et la confiance, la réelle possibilité d'être en joie, une grande aventure, la liberté. Le Fou existe derrière les dualités et invite à l'unité sacrée.

CARTE À L'ENVERS : quelque chose vous retient, vous éloigne de l'authenticité. Vous êtes peut-être plein d'hésitation et de timidité, à moins que vous ne compensiez par de la témérité ou de l'inconscience. La carte du Fou à l'envers symbolise le doute de soi, la crainte de faire face à sa véritable identité, son vrai moi.

Le Magicien prend plusieurs formes : Mercure le Magicien, Thoth le dieu de la Magie, l'Alchimiste qui a créé l'or de la pierre philosophale, Loki le Magicien, le Corbeau en tant que Créateur d'objets.

Le Magicien est la manifestation du haut et du bas. Il est le pouvoir qui accomplit ce qui semble impossible. Il vous encourage à accéder à votre pouvoir personnel et à l'utiliser avec confiance. Vous avez la capacité de manifester vos rêves dans la réalité.

CARTE À L'ENVERS : potentiel inexploité. Votre énergie n'a pas encore trouvé sa voie. Vous êtes peut-être incertain de la manière dont vous souhaitez atteindre vos objectifs et réaliser vos rêves, vous vous sentez peut-être paralysé ou inaccompli professionnellement. À moins que vous n'utilisiez vos talents et votre position pour atteindre quelque chose qui vous sert (aux dépens des autres ou pour l'intérêt général).

Le Mystère de la Triple Déesse.

Sur cette carte figurent Athéna (déesse de la connaissance), Mami Wata (qui kidnappe ses dévots dans le monde des esprits pour gagner la Connaissance), Kali (déesse de la Création et de la Destruction). La Grande Prêtresse règne sur les secrets perdus et bien gardés. Cette carte est une invitation à chercher la justice et la rationalité derrière le royaume du patriarcat, à profiter de l'élan créateur de l'Univers. Elle est une initiation aux Mystères (examinez-la plus en profondeur).

CARTE À L'ENVERS : vous avez refoulé certaines choses dans votre subconscient ou n'en avez pas tenu compte. Écoutez votre petite voix intérieure. Dans ce sens, la Grande Prêtresse représente un sentiment de bien-être inexploité, vous avez gardé des secrets en vous-même. Apprenez à faire confiance à votre intuition.

Figure archétypale de la mère, sa présence est nourrissante et soutenante : elle est Aphrodite en tant que déesse de la Beauté et de l'Amour.

Vous trouverez auprès d'elle une sécurité émotionnelle et des relations aimantes et ouvertes. L'Impératrice nous rappelle l'importance de renforcer notre communauté afin qu'elle puisse s'épanouir dans un jardin où chacune de ses fleurs reçoit les mêmes soins. Cette carte symbolise la douceur, l'ouverture à la vulnérabilité, l'acceptation de soi et des autres. La confiance et la paix en découleront.

CARTE À L'ENVERS : il est temps de prendre en compte vos propres besoins. Il est nécessaire que vous appreniez à vous « materner » vous-même et à être votre propre soutien. Peut-être que quelqu'un qui prenait soin de vous vous a récemment laissé tomber ? Lorsque la carte de l'Impératrice apparaît à l'envers, elle peut évoquer la codépendance : le besoin qu'on ait besoin de vous afin de valider votre valeur personnelle, comme si vous ressentiez que votre véritable moi n'était pas assez bon.

Le père archétypal qui encourage à travailler dans le respect des lois du pays pour trouver le succès.

L'Empereur apporte des solutions légales ou matérielles à chaque problème et représente le système d'un gouvernement ou des structures hiérarchiques, ainsi que la stabilité matérielle. L'Empereur tient le chaos à distance en renforçant les moyens dont il dispose et en faisant exécuter les ordres, c'est sa façon de rester éloigné des passions sauvages, des sentiments et du désordre. Avec lui, tout doit être considéré et régi de manière équitable et légitime.

CARTE À L'ENVERS : l'Empereur à l'envers incarne les penchants extrêmes et dangereux de la loi, comme la rigidité, le contrôle et la répression, l'injustice ou l'inégalité au nom de la stabilité ou de la tradition. Il représente une autorité cruelle, une dynamique puissante et malsaine, des problèmes liés au père qui n'ont pas été résolus. Quand cette carte apparaît, vous pouvez être en train de lutter contre une situation qui vous tient prisonnier.

Seshat la déesse égyptienne de la sagesse ou Tenjin le patron de l'Académie.

Le Professeur inculque un code social et représente l'éducation en tant que système, une formation professionnelle ou un moyen d'acquérir des compétences. Reconnu pour sa maîtrise et la tradition dont il est issu, le Professeur symbolise un dogme ou une « tour d'ivoire » mentale. Il incarne la phrase : « Voilà comment on fait. » et représente également ce dont on hérite sans que cela passe par des liens familiaux.

CARTE À L'ENVERS : foi aveugle, bigoterie, intolérance. Le Professeur à l'envers met en garde contre l'esclavagisme mental. Vous êtes peut-être déconnecté de votre intuition et de votre spiritualité, vous reposant sur les enseignements des autres sans vous poser de questions. Cette carte vous invite à remettre en cause ce que vous avez appris et ce qui ne vous convient plus.

Mariage mystique entre Vénus et Mars, fraternité des opposés incarnés par Artémis et Apollon.

Elle évoque une relation intense dans laquelle vous donnez tout à l'être aimé. Il existe de la magie et de l'alchimie dans l'union 1+1=3. Les forces semblent alors réunir des forces initialement totalement opposées en un seul élément. Cependant, cette dévotion frôle l'obsession, il s'agit d'un dévouement pur et dévorant à l'égard de l'objet de vos désirs. C'est un amour qui vous transformera en profondeur et vous aidera à vous positionner.

CARTE À L'ENVERS : relations amoureuses pleines de tensions ou amour unilatéral, manque de passion amoureuse. À l'envers, les Amoureux vous avertissent que vous êtes possiblement déconnecté de ce qui vous inspire profondément, de ce qui vous fait vous sentir encore plus vous-même. Vous êtes peut-être en train de chercher le but de votre vie tout en étant plein de doutes sur la manière dont manifester vos valeurs – il est même possible que vous doutiez de vos valeurs.

Forces opposées réunies par la volonté afin d'aller de l'avant.

Le Chariot représente une union fragile, une situation pleine de tensions, mais aussi de puissance, un moyen d'atteindre ses objectifs. Le Chariot représente une puissante force de détermination qui invite au sacrifice pour arriver à ses fins. Cette carte est guidée par la force plutôt que par l'amour, et peut représenter une source d'énergie puissante bien qu'instable.

CARTE À L'ENVERS : le Chariot peut représenter un obstacle sur le chemin que vous avez choisi. Il se peut que vous ayez besoin d'abandonner ce chemin ou de réexaminer votre approche. L'obstacle peut aussi être à l'intérieur de vous. Demandez-vous alors : est-ce que mon objectif est au service de mon véritable moi ?

Deux aspects d'un problème ont été pris en considération et la vérité éclate au grand jour.

La Justice est représentée par Hécate, la déesse de la Lune gardienne du seuil de la vie et de la mort. Elle apparaît souvent au moment de prendre une décision difficile qui marque une fin ou un départ. Soyez courageux quand elle apparaît, car elle est juste et honnête. Elle vous offrira ce que vous méritez – mais vous rappellera également vos devoirs. Plaidez votre cause auprès de l'Univers et il vous montrera la voie juste pour vous.

CARTE À L'ENVERS : malhonnêteté envers vous-même et les autres. Lorsque la carte de la Justice apparaît à l'envers, elle met en lumière le mensonge sur lequel repose un système ou le fait que quelqu'un essaie de bénéficier d'une situation injuste. Vous ne trouverez pas un accord équitable de cette manière. La carte représente l'injustice, l'autocritique sévère, le fait de se sentir coupable sans même qu'un procès équitable ait eu lieu. Donnez-vous une chance.

Réconfort, solitude, quête de simplicité.

L'Ermite est le Dieu errant dans la nature sauvage, déguisé. Il vous invite à chercher la guidance de votre lumière intérieure et à vous reconnecter à vous-même. Quand les choses autour de vous deviennent incertaines, faites-vous confiance. L'Ermite symbolise le détachement lié au monde matériel, une retraite au sein d'un sanctuaire intérieur que vous aurez choisi. Vous trouverez de la clarté grâce à la méditation.

CARTE À L'ENVERS : la carte de l'Ermite à l'envers signifie que vous craignez de vivre votre vie pleinement et que votre peur de prendre des risques est tellement forte qu'elle vous pousse à vous isoler. Cette carte est une invitation à examiner la façon dont vous maintenez les autres à distance ou dont vous ignorez votre voix intérieure. Prenez un moment pour vous reconnecter à votre vie intérieure.

Changement de circonstances.

Ce que vous considériez jusqu'à maintenant comme un dû est remis en question. La Roue de Fortune peut annoncer des décisions difficiles à prendre dans une période de transition. Au fur et à mesure que la Roue tourne, des choses dont vous bénéficiiez jusqu'à maintenant peuvent être remises en cause. Cette carte vous rappelle que le changement est la seule chose qui vous est due.

Tenez bon : un glissement de plaques tectoniques est à l'œuvre, mais ce changement est peut-être exactement ce que vous attendiez.

CARTE À L'ENVERS : changements inattendus ou non planifiés. La carte de La Roue de Fortune à l'envers peut signifier que vous vous sentez impuissant, ou que vous êtes à la merci des circonstances. Vous pouvez vivre un changement qui vous est imposé ou refuser obstinément un changement nécessaire.

Ressenti profond qui génère une concrétisation.

La Force vous encourage à exprimer votre singularité dans le monde. Elle est la voix intérieure dont il est bon de tenir compte. Les aspects colériques, concupiscents de vous-même et votre moi le plus bas sont invités à intégrer votre moi plus global. Il en est de même pour votre ego le plus fort et votre super-ego. La Force est authentique et honnête. En incarnant la Force, vous devenez un oracle pour vous-même : *Gnothi seauton* (en grec : « Connais-toi toi-même. »). La véritable force consiste à utiliser tous les dons et les défis qui se présentent à vous.

CARTE À L'ENVERS : la carte peut représenter la dépression enracinée dans le déni ou ayant détruit votre véritable moi. Vous pouvez vous sentir épuisé ou impuissant, manquer de confiance en vous. Cela peut vous conduire à juger les autres ou les attaquer violemment afin d'apaiser votre sentiment d'insécurité intérieure. Votre sentiment de valeur personnelle ou de force intérieure est déséquilibré.

Carrefour, croisée des chemins.

Sur cette carte, Odin est accroché à un arbre pour gagner en sagesse. Cette carte vous invite à regarder au-delà des choses et à cultiver la patience : elle représente les planètes situées en dehors de notre système solaire que symbolisent les rêves, les bouleversements et la mort. Les limites extérieures de votre compréhension ont été atteintes. Vous êtes à l'orée d'une nouvelle réalité, mais vous ne pouvez qu'attendre qu'elle se présente (ou jusqu'à ce que votre compréhension soit assez aiguisée pour que vous puissiez reconnaître ce qu'elle signifie).

CARTE À L'ENVERS : vous stagnez. Vous repoussez sans cesse le moment d'emprunter le chemin qui vous sortirait de la peur, parce que quelque chose est hors de votre contrôle. Vous êtes peut-être en train de vous étourdir en étant toujours en action afin d'éviter de plonger au cœur de vos réflexions ou de vous reposer. La période d'attente que vous traversez n'est pas forcément nécessaire et arrive à son terme.

Les changements, les commencements et les fins, une rupture nette avec l'ancien.

La Mort représente le cycle de Perséphone dans le Monde d'en bas ; Ereshkigal prête à mettre à mort le vieux moi. Un sacrifice vous est demandé et vous devez décider si cela vous coûte trop ou non, en abandonnant ce qui ne vous est plus nécessaire. Un changement arrive. Et vous pouvez décider ce qu'il signifie pour vous.

CARTE À L'ENVERS : vous résistez au changement que vous sentez venir ou que vous savez pourtant être juste. À l'envers, la Mort vous invite à examiner votre faux *self* ou les anciennes croyances auxquelles vous êtes encore attaché. Votre compréhension de vous-même a besoin d'évoluer : un nouveau visage de vous est en train de se dessiner, prêt à émerger.

Intégration de la lumière et des ombres.

Cette carte vous invite à écouter votre voix intérieure : faites-lui confiance et tenez compte de ce qu'elle vous dit. La Tempérance apporte des enseignements tirés de la joie et de la souffrance. Elle vous invite à vous connecter à votre lumière intérieure pour accéder à la sagesse tout en vous laissant inspirer par ce qui est à l'extérieur de vous. Vous devez donner si vous souhaitez recevoir (et vous devez recevoir si vous voulez donner). Prenez soin de vous afin de pouvoir prendre soin des autres.

CARTE À L'ENVERS : l'équilibre entre vos parts de lumière et vos parts d'ombre est inexistant. Soit votre moi le plus sombre guide vos actions et s'exprime à travers des excès, soit votre moi le plus lumineux guide vos actions à travers des dénis de vous et des restrictions strictes. Réfléchissez à la manière dont votre monde intérieur se reflète dans le monde extérieur et vice versa.

Indépendant et méfiant, le Diable représente également la solitude de l'Étranger ainsi que le bouc émissaire.

Cette carte représente : l'avocat du Diable, l'esprit inquisiteur, les défis douloureux mais porteurs de conscience, la volonté individuelle se confrontant à un dessein sociétal. Dans chaque histoire, l'antagoniste utilise l'énergie du Diable (et chaque histoire a besoin d'un antagoniste pour faire avancer la narration). Si les organes de pouvoir et les dogmes ne tiennent pas la route face à une analyse rigoureuse, méritent-ils que l'on s'engage vis-à-vis d'eux ?

CARTE À L'ENVERS : le Diable à l'envers vous pousse à accepter vos ombres. Faites-leur face et dépassez votre honte, remettez en question vos croyances et vos affirmations. Prenez garde au désir de plaire à tout le monde, car cela vous empêche d'écouter et de prendre en considération vos propres besoins. Cette carte vous invite à rencontrer et affronter les parties de vous-même que vous avez jugé « mauvaises » et à réévaluer vos opinions à leur sujet.

Changement spectaculaire et soudain.

La Maison-Dieu est l'essence de la révolution : quand les mondes se heurtent et ne peuvent plus exister dans le même espace, l'un d'eux doit disparaître. Cette carte évoque la dualité contenue dans le choix « soit ceci, soit cela », des décisions prises sous la pression et des points de rupture, un arrêt soudain ou un retournement de situation concernant nos projets les mieux planifiés. Vous aurez besoin de recoller les morceaux, car ce changement ne sera ni subtil ni graduel. C'est le moment de repartir de zéro.

CARTE À L'ENVERS : elle peut augurer un changement spectaculaire que vous êtes en train de mettre en place (cela peut aussi être un déni concernant le changement qui arrive ou est déjà arrivé). La Maison-Dieu à l'envers avertit de tentatives vaines de recoller les morceaux d'un système qui est voué à disparaître. C'est l'étape qui précède le chagrin : le déni, la colère et les négociations.

Un signe d'espoir.

Cette carte indique qu'il y a beaucoup plus de possibilités que vous ne pouvez l'imaginer. Vos rêves et vos désirs deviennent réalité. Permettez à votre intuition de vous guider ; ayez confiance, de belles et bonnes choses sont sur le point de vous arriver. Autorisez-vous à écouter les véritables désirs que vous souffle votre cœur, même si vous ne savez pas ce qui va se passer. Suivre votre cœur va vous mener là où vous avez besoin d'aller.

CARTE À L'ENVERS : elle peut représenter des rêves inaccomplis que vous n'avez pas osé vous formuler. Vous ne vous sentez peut-être pas soutenu, en manque d'inspiration dans votre vie actuelle. Cette carte est une invitation à vous aimer vous-même. Quand le monde nous paraît hostile, où plaçons-nous notre confiance ?

Le voyage de la déesse Inanna dans les ténèbres de son inconscient et sa résurrection après avoir été tuée par sa sœur Ereshkigal.

C'est la mort du super-ego et du faux *self* que nous avons construit pour contenir ou mitiger nos sentiments réels. La Lune est la force que l'on peut trouver uniquement dans le subconscient : les rêves, la nuit noire de l'âme. Faire face et connaître son véritable moi peut faire peur (mais est aussi une source d'émancipation).

CARTE À L'ENVERS : quand cette carte apparaît, cela peut signifier que vous êtes sourd à l'appel de votre subconscient ou que vous recevez des signes que vous n'arrivez pas à comprendre. La Lune représente la peur du noir, nos côtés les plus sombres, une façade de notre personnalité affirmant que « tout va bien » pour masquer nos doutes les plus profonds. Soyez attentif aux coïncidences et aux rêves que vous faites, ils sont les messagers de notre subconscient qui essaie de se faire entendre.

Chaleur, sécurité émotionnelle et matérielle.

Cette carte symbolise les bienfaits de l'acceptation de soi : votre véritable moi vous est familier (ainsi qu'à vos proches) et il est apprécié et aimé pour ce qu'il est. Le Soleil représente la peur dissipée, le soin et la joie radieuse. Symbole de succès et d'abondance, le Soleil donne et offre sans s'amoindrir. Baignez dans l'énergie qu'il vous offre.

CARTE À L'ENVERS : manque de joie, d'énergie et d'enthousiasme. Vous êtes peut-être hésitant sur la manière de vous relier à votre joie. Cette carte est une invitation à embrasser la légèreté de votre enfant intérieur. Lâchez-vous de temps en temps, la joie est une facette essentielle de la vie.

L'union des forces de création et de destruction.

Le Jugement représente le stade final de la mort et l'aube d'une nouvelle ère. C'est l'âge du Verseau, symbole de la mort et de la renaissance, de vieux schémas qui laissent la place à de nouveaux qui ne peuvent pas être conceptualisés. Un énorme changement est en cours, vous ne serez plus jamais le même (c'est une invitation à mieux vous connaître, ou à mieux connaître votre nouvelle vie). Vous pouvez vous sentir faible ou petit après cette transition majeure de votre vie mais, en réalité, votre force grandit.

CARTE À L'ENVERS : vous évitez le changement plutôt que d'y participer activement. Vous acceptez de participer, mais sans vous mettre en danger ou vous ignorez l'appel de l'action. La carte du Jugement à l'envers représente la stagnation qui apparaît lorsque l'on est trop satisfait de soi ou trop critique envers soi-même.

Tous les éléments (Air, Terre, Feu, Eau) sont réunis dans l'esprit pour créer ou être ajoutés à quelque chose de nouveau et de magique.

La carte de l'Univers invite au discernement et à la transcendance, elle est annonciatrice d'harmonie et d'équilibre. Quoi que vous fassiez, un travail est à l'œuvre. Vous faites partie intégrante du monde autour et au-dessus de vous et votre rôle est essentiel : vous avez trouvé votre place dans l'Univers, vous avez accompli ce pour quoi vous étiez fait.

CARTE À L'ENVERS : il est possible que vous évitiez d'effectuer un travail qui vous transformerait, de même que vous évitez peut-être d'espérer que le monde autour de vous change. À moins que vous ne vous cramponniez trop fort à un aspect de vous-même. Cette carte est un rappel : il n'y a pas de raccourci. Reconnectez-vous à l'inspiration ou au désir qui vous a mis en mouvement sur le chemin où vous vous trouvez actuellement (et continuez à avancer !). Vous y êtes presque.

LES ARCANES MINEURS

Cette catégorie du tarot est l'ancêtre d'une activité qui vous est probablement familière : jouer aux cartes. Les arcanes sont constitués de quatre « couleurs » comprenant un as et neuf cartes numérotées. Chaque couleur symbolise un élément et chaque élément représente un aspect différent de la vie.

LES BAGUETTES MAGIQUES : le Feu. La volonté, la spiritualité et la créativité.

LES COUPES : l'Eau. Les émotions, les relations et l'imagination.

LES ÉPÉES : l'Air. L'intellect, la logique et la pensée.

LES DISQUES : la Terre. La physicalité, la richesse et les besoins matériels.

LES BAGUETTES MAGIQUES

L'élément de Baguettes magiques est le Feu. Tel qu'il est représenté en astrologie, le Feu symbolise l'âme et l'illumination (le Bélier) ; la volonté et le rayonnement (le Lion) ; l'inspiration et la flamme (le Sagittaire).

L'AS DE BAGUETTES MAGIQUES : en tant qu'essence du Feu, l'As de Baguettes magiques représente notre volonté, et la manière dont il nous faudrait l'utiliser. Nous pouvons être pleins d'énergie, mais aussi nous épuiser. Nous sommes audacieux, mais parfois inconscients. Nous voulons agir et sommes frustrés si des limites humaines, logiques ou matérielles se trouvent sur notre chemin. Les Baguettes magiques sont optimistes et puissamment positives. Le seul fait de vivre nécessite d'avoir la foi. Les baguettes posent la question suivante : en quoi croyez-vous ?

LE DEUX DE BAGUETTES MAGIQUES : une étincelle a jailli et a donné vie à un plan d'action qui se met à l'œuvre. Vous vous mettez en chemin, prévoyant un futur heureux. Vous prenez un risque tout en étant dans un état d'esprit positif. Cette carte représente l'esprit d'audace et de courage, un nouveau départ, l'énergie et l'excitation qui nous habitent lorsqu'on se lance dans un nouveau projet ou qu'on se fixe un nouvel objectif.

LE TROIS DE BAGUETTES MAGIQUES : les projets que vous avez planifiés sont bons pour vous et vous devriez les mettre en œuvre. Vous avez avancé et vous vous rapprochez du but que vous souhaitez atteindre. Continuez ! Cette carte représente la

détermination, la réalisation d'un objectif guidé par des sentiments. Poursuivez vos efforts et élargissez vos horizons. Même si cela vous effraie, rêvez encore et allez plus loin.

LE QUATRE DE BAGUETTES MAGIQUES : cette carte est la célébration de la joie : les fruits de votre travail seront doux. Le Quatre de Baguettes magiques vous apporte sa bénédiction concernant un nouveau départ, une union heureuse, l'emménagement dans un lieu dont vous aviez seulement l'habitude de rêver. Rappelez-vous d'apprécier tout ce que vous avez et de partager de la joie avec celles et ceux que vous aimez. La construction commence par un projet conçu à un niveau spirituel qui vous sera profitable ainsi qu'à votre entourage.

LE CINQ DE BAGUETTES MAGIQUES : quitter un quotidien confortable pour un meilleur lendemain. Le Cinq de Baguettes magiques annonce une perturbation soudaine et porteuse de changement. C'est la carte de la révolution, de l'agitation et de l'audace. Vos revendications intérieures sont restées trop longtemps silencieuses et remontent enfin à la surface. Le bouleversement qui en découle est porteur d'un renouveau et un changement. De nombreuses voix crient à l'intérieur de vous, mais qui les écoute ?

LE SIX DE BAGUETTES MAGIQUES : fierté du travail bien fait, succès résultant d'obstacles et d'épreuves dépassées. Vous avez droit à la reconnaissance du monde extérieur pour vos réussites et réalisations. La validation de ce que vous espériez ou saviez être vrai approche. Prenez un instant pour vous reposer sur vos lauriers car vous l'avez bien mérité, mais ne soyez pas fuyant et trop timide lorsque l'extérieur vantera vos mérites dans l'espace public.

LE SEPT DE BAGUETTES MAGIQUES : maintenant que vous avez acquis de nouvelles compétences, vous voilà prêt à combattre l'oppression ou tout ce qui vous a intimidé et vous a semblé trop effrayant à affronter. Vous avez tiré de précieuses leçons à la suite d'un échec et vous les appliquez de manière concrète. Vous allez retrouver confiance en vous-même, de l'audace, une force enracinée dans la foi en vous-même. Vos capacités ont été testées et reconnues : désormais, le succès et la victoire vous attendent.

LE HUIT DE BAGUETTES MAGIQUES : rapidité et énergie ambitieuse, optimisme et joie, cette carte symbolise le bon côté de l'action, celui qui donne de l'énergie. Vous faites ce pour quoi vous êtes fait. Il est maintenant temps d'agir : visez et laissez vos flèches s'envoler vers votre objectif. C'est l'essence même de la liberté.

LE NEUF DE BAGUETTES MAGIQUES : vous avez fait preuve de persévérance, d'un grand courage et de force lors des difficultés que vous avez traversées et dépassées. Même si ça n'a pas toujours été facile, vous avez réussi. Votre foi a payé et ravivé votre motivation : vous sortez grandi de vos épreuves.

LE DIX DE BAGUETTES MAGIQUES : vous vous sentez dépassé, distrait et déconcentré, tiré dans de trop nombreuses directions. Vous ne savez pas comment ni dans quelle direction diriger votre volonté. Vous avez tenté plusieurs approches et vous vous sentez débordé. Vous avez besoin de repos et de centrage, même si cela est parfois incompatible avec votre volonté de feu. Et pourtant, le Dix de Baguettes magiques annonce la fin d'une période d'épreuve spirituelle.

LA PRINCESSE DE BAGUETTES MAGIQUES : soif de vie et désir d'essayer de nouvelles choses. Cette carte est une invitation à vous lancer dans un voyage riche de découvertes. Ni direction ni plan d'action n'ont encore été définis. La Princesse représente l'immense énergie du vaste champ des possibles : ouvrir une carte, se lancer dans une aventure en partant de rien. Les barrières qui vous empêchaient de vous lancer sont en train de s'effondrer.

LE CAVALIER DE BAGUETTES MAGIQUES : un leader sans peur, parfois à l'excès. Le Cavalier est une étincelle qui suscite et donne une forme concrète à l'action. Dynamique, intrépide et courageux, le Cavalier vous invite à avoir confiance en votre objectif. Allez de l'avant sans retenue, allez-y à fond, libéré des contraintes émotionnelles ou des nécessités matérielles. Lancez-vous sans réfléchir, sans restriction. Cette carte représente le sentiment que rien ne peut vous arrêter.

LA REINE DE BAGUETTES MAGIQUES : personne passionnée qui se bat pour les autres, la Reine symbolise la colère juste et vertueuse qui prend racine dans les idéaux et la compassion. Elle est Sekhmet, la déesse égyptienne terrifiante à tête de lionne. Elle est le cri d'une action passionnée : réagissez d'abord et réfléchissez plus tard au « comment ». Il existe en effet un équilibre ténu entre le désir d'agir et le poids émotionnel qui nous pousse à l'action. La Reine appelle néanmoins à défendre les moins chanceux. Elle représente l'optimisme face à l'adversité.

LE ROI DE BAGUETTES MAGIQUES : certaines personnes ont une noblesse innée qui ne rabaisse pas les autres, mais les soutient activement. Le Roi de Baguettes magiques représente le courage d'un lion et l'aptitude à diriger de façon vertueuse. Toujours protecteur, le Roi encourage la communauté à organiser et à actualiser ses idées plutôt qu'à les rêver. Exploitez ce pouvoir de transformation (veillez à ne pas être trop agité mentalement et à laisser les détails derrière vous pour vous concentrer sur une vision d'ensemble).

LES COUPES

Les Coupes sont associées à l'élément Eau. En astrologie, cet élément peut représenter la vie et le changement (signe du Cancer) ; le monde du bas ou le subconscient et la sexualité (le Scorpion) ; l'au-delà et la spiritualité (le Poissons).

L'AS DE COUPES : la quintessence de l'eau, représentant notre nature émotionnelle. Quand cette carte apparaît, vous êtes habité de sentiments agréables et l'on vous demande de prendre en considération vos émotions. Rappelez-vous que votre sensibilité vous connecte à votre moi intérieur ainsi qu'aux autres parties de vous. Renforcez la connexion avec vous-même et ceux qui vous entourent. Écoutez vos émotions et ressentez-les sans les juger.

LE DEUX DE COUPES : une alliance bénie, deux âmes sœurs, pas forcément amoureuses. La signification de cette carte profonde comprend l'acceptation des différences, l'union des éléments complémentaires, l'équilibre et l'unité. Quand l'intimité est là, la véritable joie peut être trouvée dans une relation. L'harmonie est présente quand deux parties fonctionnent ensemble.

LE TROIS DE COUPES : l'amour couronné et triomphant, le Trois de Coupes est une célébration de l'amour que vous donnez et recevez de la part de celles et ceux qui vous entourent. Cette carte représente un soutien fluide et l'abondance. Puisque vous avez donné, vous devez recevoir : votre communauté vous fête et vous soutient. Et ce soutien vous fait vous sentir fort.

LE QUATRE DE COUPES : le silence et la contemplation, à l'extrême de la stagnation émotionnelle ou de l'ennui.

Vous vous êtes peut-être fermé à moins que vous n'attendiez le scénario idéal pour sortir de votre état actuel. C'est l'état de suspension dans lequel on se trouve lorsque ce n'est « pas encore » le moment. De manière interpersonnelle, le Quatre de Coupes peut mettre en lumière un amour sans épreuve, sans défi, étouffant : la plénitude de tous vos besoins émotionnels au détriment de votre croissance. C'est l'autosatisfaction du confort, des soins prodigués pour garder le contrôle.

LE CINQ DE COUPES : disputes, désillusion et conflit émotionnel. Vous devriez laisser aller une attente à propos de quelque chose qui ne s'est pas réalisé, même si c'est douloureux pour vous. Le Cinq de Coupes vous invite à voir les gens tels qu'ils sont, et non tels que vous aimeriez qu'ils soient. Se libérer de cette vision idéalisée est douloureux, mais nécessaire. Prenez un moment pour pleurer la perte de ce qui n'a pas pu exister (mais acceptez-le).

LE SIX DE COUPES : paix intérieure, réintégration du moi, bienveillance. Le Six de Coupes marque la résolution de traumatismes passés issus de l'enfance. Tout n'a pas besoin d'être parfait. Lâchez prise et acceptez-vous tel que vous êtes : un être évoluant sur un chemin qui vous a mené jusqu'ici. Pardonnez-vous les choses qui n'étaient à l'origine probablement pas de votre faute et sentez-vous bien dans votre peau. Tout va bien.

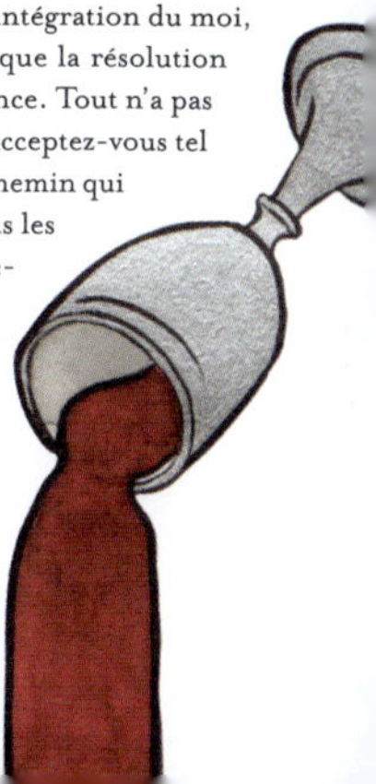

LE SEPT DE COUPES : cette carte vous donne un aperçu des possibilités qui s'offrent à vous. Elle représente l'élan de liberté que l'on ressent et qui nous pousse en avant lorsqu'on a résolu un problème qui nous retenait en arrière. Il s'agit d'une libération, d'un affranchissement lié à des restrictions, une oppression ou un trauma. Maintenant, tout est possible. Abreuvez-vous d'imagination, dansez sans entrave et un peu trop sauvagement. Voici venu le temps des grands rêves et des grandes idées (mais sans les manifester dans la réalité pour le moment).

LE HUIT DE COUPES : commencez un voyage vers l'inconnu. Cette carte symbolise l'envie irrépressible de s'enfuir, de se mettre en quête d'une nouvelle terre pour faire fleurir son moi véritable. Le passé est derrière soi, pour le meilleur ou pour le pire. Vous êtes en train de faire la transition entre ce qui vous est familier et ce qui ne l'est pas. Malgré des adieux parfois déchirants, cette fin est un nouveau départ.

LE NEUF DE COUPES : vous avez donné la priorité à vos besoins émotionnels et cela a payé. Après vous être mis concrètement à l'œuvre, vous avez atteint une réalisation et une satisfaction personnelles. C'est le moment d'apprécier et de célébrer les récompenses qui vous reviennent. Vos souhaits ont été exaucés comme par magie. Cette carte est une bénédiction concernant votre bien-être émotionnel et votre croissance spirituelle. La manne tombe du ciel juste au-dessus de vous.

LE DIX DE COUPES : puisque vous avez trouvé l'amour en vous-même, vous pouvez désormais aimer les autres librement. Cette carte représente le bonheur au sein d'un foyer et/ou d'une communauté. Elle peut aussi symboliser les membres d'une famille vous apportant un soutien émotionnel, ainsi que votre capacité à incarner votre véritable moi et à être votre propre point de référence. Le Dix de Coupes représente la maison, le domicile enfin trouvé, l'arrivée en terre promise, la paix enfin accordée. Votre joie personnelle rayonne et nourrit vos proches tout en les élevant.

LE PRINCE DE COUPES : compassion et sentiment dans le domaine matériel à travers l'action directe qui nourrit et aide les autres. Le Prince défend la créativité et encourage l'appréciation et le soutien des arts. Il incarne l'innocence de l'enfant, l'amour altruiste, le fait d'œuvrer pour un monde idéal et d'utiliser ses ressentis comme des leviers concrets pour faire ce qui peut être fait dans l'instant.

LA CAVALIÈRE DE COUPES : une idéaliste intrépide désirant atteindre une utopie de compassion et de vérité. La Cavalière symbolise la course effrénée après des idéaux profondément enracinés en soi (et l'empressement à sacrifier le confort ou la logique pour atteindre ce qui est ressenti et considéré comme juste). Se sacrifiant toujours pour une noble cause, la Cavalière représente un équilibre (le plus souvent ténu) entre des forces opposées. Elle symbolise le désir de changer un monde qui la blesse profondément.

LA REINE DE COUPES : les eaux libres de l'émotion, un ami de confiance. La Reine s'adapte aux besoins émotionnels des autres. Cette carte représente le changement, la reconnexion à ses émotions et à ses facultés d'empathie (peut-être même à un niveau trop avancé, ce qui peut entraîner des désagréments). Lorsque vous acceptez que le traumatisme et la joie sont des expériences sur un même pied d'égalité qui alimentent votre évolution personnelle, vous entrez dans une période de grande compréhension. Acceptez-vous tel que vous êtes, sans jugement ni condition. Faites confiance à votre intuition et à ce que vous ressentez, restez relié à vos émotions.

LE ROI DE COUPES : une personne qui investit son mental pour comprendre ses émotions et qui analyse tous ses sentiments afin de trouver la « bonne » façon d'être. Le Roi est sensible et intelligent (parfois trop). Cette carte représente la destination finale du voyage de Coupes : des idéaux enracinés dans la compassion, les tentatives faites pour comprendre ce qui est ressenti, le désir d'être connu et aimé tel que l'on est.

LES ÉPÉES

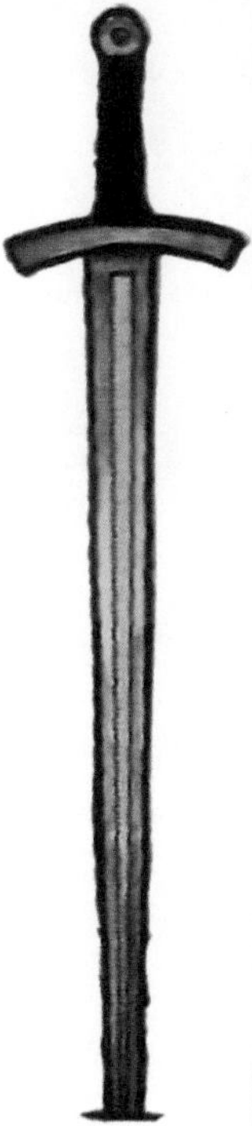

L'Air est l'élément d'Épées. En astrologie, l'Air peut représenter la communication et la sphère interpersonnelle (le Gémeaux) ; la logique et la société (la Balance) ; la sagesse et l'Univers (le Verseau).

L'AS D'ÉPÉES : l'essence de l'élément Air représentant notre intellect, nos capacités mentales et la manière dont nous pourrions les utiliser. L'As d'Épées est direct, parfois rude. Les Épées sont intelligentes, parfois froides. Elles coupent en allant droit au but, mais peuvent aussi se balancer sauvagement dans un excès de pensées générant de l'anxiété. Nous avons toutes et tous ces facultés (ce qui importe est la manière dont nous les utilisons).

LE DEUX D'ÉPÉES : cette carte représente un carrefour de vie, une décision que vous devez prendre vous-même (et il est important que vous le fassiez). Les différentes options sont claires, mais il est possible que vous n'ayez pas toutes les informations sur leurs conséquences. Malgré votre anxiété, vous êtes capable de faire un choix. Vous êtes prêt. Faites confiance à vos capacités de discernement.

LE TROIS D'ÉPÉES : Perte, déception. Vous êtes arrivé à la conclusion que vous n'irez pas plus loin sur le chemin sur lequel vous êtes actuellement. Il est temps pour vous de prendre une décision importante. Des mots rudes et douloureux ont été prononcés à votre égard et ils vous ont profondément blessé. C'est un triste retour à la réalité, une déception liée à certaines attentes.

LE QUATRE D'ÉPÉES : un cessez-le-feu. Le Quatre d'Épées représente l'esprit dans un état de paix. Différentes perspectives et points de vue sont envisageables et réalisables. Cette carte représente la diversité intellectuelle, des échanges ouverts nourris par des idées auxquelles vous réfléchissez et qui vous amènent à envisager différentes possibilités. Attention tout de même à ne pas vous épuiser : vos batteries intellectuelles peuvent avoir besoin d'être rechargées.

LE CINQ D'ÉPÉES : méfiance, conflits, accusations. Une vision du monde excessivement lumineuse est fortement remise en question. Le Cinq d'Épées met en garde contre l'énergie gaspillée à suspecter plutôt qu'à trouver des solutions constructives. Il est possible que vous vous soyez embourbé dans des théories conspirationnistes complexes et dans la paranoïa, les commérages, ce qui vous a porté préjudice et vous a fait douter de vous-même. En écoutant votre saboteur intérieur, vous vous demandez peut-être : à qui puis-je faire confiance ?

LE SIX D'ÉPÉES : un changement nécessaire mais douloureux après avoir pris conscience de douloureuses vérités. Vous voyez les choses de façon claire, peut-être pour la première fois de votre vie (mais la clarté est un confort très relatif). Tandis que vous laissez derrière vous le confort devenu faux, prenez un moment pour ressentir la perte de cette réalité, même si cela était imparfait. Cette carte représente un appel à améliorer votre compréhension de vous-même et du monde autour de vous. Vous avez mis vos hypothèses à l'épreuve et la plupart vous ont conduit à l'échec.

LE SEPT D'ÉPÉES : se battre dans l'unique but de se battre. Le Sept d'Épées est l'essence du *trolling*[1]. Il symbolise le fait de prendre du plaisir à être en désaccord et d'aimer mener des stratégies complexes générant déception et tricheries. L'escroc archétypal qui le représente est le serpent de la tentation. Délibérément obscure et difficile à comprendre, cette carte vous invite à considérer comment vous cachez vos intentions ou sentiments véritables derrière des acrobaties intellectuelles. Prenez-vous sans cesse des raccourcis ou trafiquez-vous sans cesse (parfois en concluant des accords louches et opaques) pour arriver à vos fins ?

LE HUIT D'ÉPÉES : vous êtes pris dans de vieux schémas qui vous empêchent d'avancer. Un changement de perspectives est nécessaire, mais vous êtes emprisonné par des opinions ou des options contradictoires, vous stagnez donc par indécision. Cette carte représente le dieu Odin dans la phase endormie de son cycle de régénération. Retenu par des limites que vous avez vous-même créées, vous vous

---

1. En argot Internet, le *troll* définit quelqu'un dont le but est uniquement de générer des polémiques et des désaccords.

sentez impuissant. Cette carte vous invite à ne pas devenir esclave de votre propre victimisation.

LE NEUF D'ÉPÉES : vous croulez sous les différentes opportunités et vous analysez à l'excès. Vous ne voyez plus que les possibilités et les perspectives les moins réjouissantes. Pour le meilleur ou le pire, vous devez atteindre le cœur du problème. Dépassé par votre angoisse, vous êtes désormais piégé dans un cycle de pensées négatives. N'oubliez pas de prendre du recul de temps en temps : aucun problème ne peut être résolu par la pensée obsessionnelle.

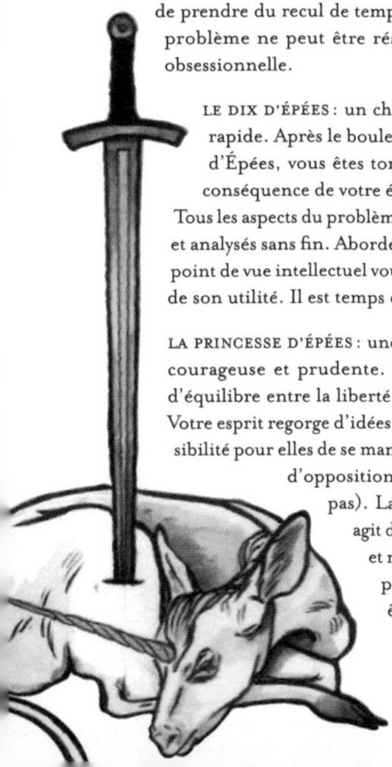

LE DIX D'ÉPÉES : un changement brutal et rapide. Après le bouleversement du Neuf d'Épées, vous êtes tombé dans l'inertie, conséquence de votre épuisement mental. Tous les aspects du problème ont été considérés et analysés sans fin. Aborder le problème d'un point de vue intellectuel vous a mené à la limite de son utilité. Il est temps de faire un choix.

LA PRINCESSE D'ÉPÉES : une personne à la fois courageuse et prudente. Il existe un point d'équilibre entre la liberté et l'enracinement. Votre esprit regorge d'idées et il existe une possibilité pour elles de se manifester (si ces forces d'opposition ne s'entredévorent pas). La Princesse d'Épées agit d'un espace de forces et non d'empathie. Vos projets sont peut-être trop égoïstes.

LE CAVALIER D'ÉPÉES : vif d'esprit et intrépide, le Cavalier d'Épées incarne la joie éprouvée à échanger intellectuellement de manière stimulante. De nature souple, il met en place des traités justes ; il exerce l'art de la persuasion allié à la confrontation morale (« Débats avec moi ! »). Le Cavalier avance vers son objectif avec assurance sans accorder assez d'importance à la façon dont il va le mettre en place et sur les conséquences que cela aura sur les autres. Vaut-il mieux être juste ou gagner ?

LA REINE D'ÉPÉES : intelligence vive pleine d'émotions et de compassion. La Reine préfère ce qui est compris par l'esprit à ce qui peut être ressenti dans le cœur. Cette carte représente la justice enracinée dans la compassion (une vérité ou une application de quelque chose qui va droit au but). On vous a peut-être donné un conseil difficile à recevoir ou quelqu'un a énoncé une vérité douloureuse, mais cela apportera de la clarté dans votre paysage émotionnel.

LE ROI D'ÉPÉES : une personne aux objectifs impartiaux, aux actions sèches et avec une forte activité intellectuelle. Pour le Roi d'Épées, l'approche scientifique est la loi. Le Roi est un expert dans son champ de compétences. Cette carte vous encourage à aborder une situation en ayant une approche intellectuelle. Réunissez les faits bruts en une pensée empirique : et si vous regardiez le problème de manière objective en pesant le pour et le contre ?

LES DISQUES

Les Disques sont associés à l'élément Terre. Tel qu'il se manifeste en astrologie, cet élément peut représenter la beauté et la croissance (le Taureau), l'organisation et la récolte (la Vierge), la prospérité et la civilisation (le Capricorne).

L'AS DE DISQUES : l'essence de la Terre, représentant le domaine matériel, les besoins physiques et la forme physique. Quand cette carte apparaît, examinez la relation que vous avez avec votre lieu de vie ou votre vie professionnelle, à quelles ressources et richesses vous avez accès ainsi que la manière dont vous entrez en relation avec votre corps. Nous sommes nés de cette terre et nous en faisons partie. Nous devons de ce fait tenir compte des lois terriennes et trouver un équilibre pour répondre à nos besoins physiques tout en profitant des plaisirs de l'incarnation.

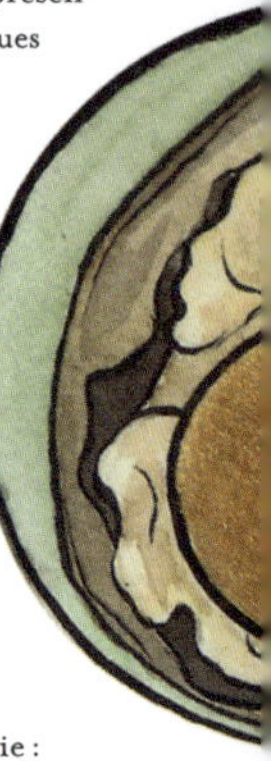

LE DEUX DE DISQUES : la dualité de la vie : maturation et décomposition, épanouissement et déclin, yin et yang, lumière et ombre. Une cellule se divise en deux pendant la première période de reproduction, c'est la phase où l'enveloppe de notre existence matérielle vainc doucement l'inertie. Examinez la façon dont vous répondez à vos besoins de base. Un travail de croissance est à l'œuvre et vous devez faire la différence entre ce qui vous est nécessaire et ce qui ne l'est pas.

LE TROIS DE DISQUES : le progrès à travers la collaboration, l'entraide, un environnement de travail soutenant, des systèmes équitables de développement qui ne privent personne. Cette carte nous encourage à faire profiter les autres de notre élévation spirituelle. Quand le Trois de Disques apparaît, la construction ou la croissance est à l'œuvre, menant à des résultats tangibles. Il y a encore du travail à faire, mais vous êtes sur le point d'atteindre votre objectif.

LE QUATRE DE DISQUES : le Quatre de Disques est à double facette. Il peut s'agir d'un privilège, de positions de pouvoir maintenues, de protections contre les « étrangers », contre ceux qui ont acquis une richesse et un statut en s'appropriant ceux des autres. Cette carte vous invite à construire les limites de « ce qui est à moi » et « ce qui est à toi ». La sécurité ne survient que lorsque l'on a intégré la notion d'inclusion ; la richesse gardée par avarice n'est pas une récompense en soi.

LE CINQ DE DISQUES : une crise financière personnelle est à l'œuvre, mais tout n'est pas aussi morose que cela en a l'air. Vous êtes peut-être assoiffé d'abondance et vous sentez que de l'aide peut vous être apportée, qu'elle est tout autour de vous. Cette carte vous invite à examiner pourquoi vous n'arrivez pas à recevoir les cadeaux qu'on vous offre, à dépasser votre orgueil ou votre fierté, ou simplement à voir comment votre inconscience vous maintient piégé dans des schémas négatifs de déni de vous-même. Ligoté à l'inquiétude liée à vos besoins matériels, vous ne voyez pas le bonheur qui est à votre portée, en abondance.

LE SIX DE DISQUES : donner et recevoir. Après avoir expérimenté à la fois le festin et la famine, vous avez appris à apprécier la situation dans laquelle vous êtes actuellement (même si ce n'est pas le grand luxe). Cette carte représente le sens équilibré de la générosité qui souhaite que personne ne manque de rien, mais qui ne donne pas plus que ce qu'elle a. Dans un état de bonheur stable, vous pouvez faire confiance à la stabilité des circonstances matérielles que vous connaissez. C'est la belle vie, la vie en rose.

LE SEPT DE DISQUES : vous êtes dans une impasse, en train d'essayer d'enlever les mauvaises herbes qui ont envahi un champ entier. Le Sept de Disques symbolise des efforts générant de la frustration et pleins de futilité. Il est possible que vous soyez embourbé dans vos marécages et/ou que vous ayez besoin d'arrêter de travailler et de réévaluer le chemin que vous avez choisi. Cette carte peut également représenter une perte d'argent ou un investissement imprudent : ce que vous pensiez être une carrière fructueuse ou un choix de vie s'est finalement révélé stérile.

LE HUIT DE DISQUES : une période d'études, le fait d'être étudiant ou apprenti, l'assiduité et la prudence. Cette carte évoque les compétences et le savoir cultivés dans les coulisses, la construction ou la préparation d'un grand projet. Aiguisez vos talents et transformez-les en capacités que vous manierez adroitement et à votre avantage. Trouvez la joie dans votre travail. Cette carte vous invite à plonger dans la formation et l'apprentissage.

LE NEUF DE DISQUES : vos efforts ont payé et vous réunissez vos richesses. Le Neuf de Disques représente la santé et la vitalité, une prospérité personnelle : « Profitez de la vie pendant qu'il est temps. » Offrez-vous cette période d'abondance, de confort et de prospérité. Goûtez à la douceur des fruits de votre travail. Vous en êtes entouré.

LE DIX DE DISQUES : l'abondance que vous avez cultivée durera des siècles. Vous avez construit un héritage durable, le futur est sûr et vous pouvez faire bénéficier les autres de votre générosité. Celles et ceux dont vous êtes responsables sont à l'abri du besoin, protégés et en sécurité. Cette carte est une marque de richesse et de confort générationnelle, qui vous autorise à vous reposer et à profiter de votre succès matériel.

LE PRINCE DE DISQUES : cette carte peut représenter une personne généreuse et aimante, ou plus abstraitement, la capacité à manifester vos rêves dans le monde matériel. Elle symbolise le début d'un voyage fructueux : les premiers efforts faits pour réaliser vos objectifs. Les ressources sont prêtes à être utilisées, les étapes de la mise en œuvre sont encore à créer, vous êtes encouragé à avancer.

LA CAVALIÈRE DE DISQUES : pragmatique et résolue, la Cavalière de Disques est déterminée, elle agit dans l'unique but d'atteindre ses objectifs et de réaliser ses souhaits grâce à la patience et au travail. Une récompense tangible peut être atteinte à travers une progression constante : il n'y a pas de raccourcis vers le succès.

La Cavalière vous encourage à prendre vos responsabilités concernant votre santé et votre bonheur.

LA REINE DE DISQUES : aimable, nourricière et protectrice, la Reine de Disques vous invite à prendre soin du jardin de vos émotions et de vos besoins physiques. Le domaine de la Reine de Disques est celui de l'amour et du soin que l'on se porte à soi-même. Favorisez et trouvez la beauté autour de vous. Cela générera une croissance douce, résolue et durable, même si elle peut parfois apparaître lente aux yeux de l'extérieur. Calme et centré, vous pouvez construire un monde sécurisant autour de vous.

LE ROI DE DISQUES : management méthodique et prospère, plans ou préparations, personne qui bénéficie de l'estime générale. Lorsque cette carte représente une personne, le Roi est matériellement prospère, il peut représenter un leader ou un businessman, un bienfaiteur qui ne prend pas en considération les besoins émotionnels ou spirituels de ses protégés. Le Roi ne prend aucun risque, bien qu'il soit déterminé et obstiné. Il représente quelqu'un qui a besoin de rester dans sa zone de confort de façon stricte pour accomplir de grandes choses.

L'INVOCATION

Prenez un moment pour clarifier vos intentions. Cette carte est une invitation à vous connecter à vos guides. Appelez le gardien du Premier Seuil : celui-ci testera votre esprit de déduction et votre mérite avant de vous laisser passer. Il peut paraître intimidant de prime abord, mais il veille tout de même sur vos meilleurs intérêts et sur l'épanouissement intérieur de votre cœur. La magie est tout autour de nous et nous avons seulement besoin de nous y plonger, alors ouvrez-vous à la possibilité de recevoir guidance et sagesse.

CARTE À L'ENVERS : faites-vous confiance. Apaisez les doutes qui menacent de vous envahir. Tenez compte de votre vision intérieure. Rappelez-vous que vous n'avez pas besoin de validation extérieure. C'est ainsi que vous franchirez le Second Seuil. Son gardien vous demandera de faire usage de tout ce que vous avez appris avant de vous laisser passer. Vous avez tout ce dont vous avez besoin (donc honorez ce passage en lui faisant face).

L'Invocation

CARTES SPÉCIALES

LA GRATITUDE

On vous voit et on vous connaît grâce à ce que l'Univers voit et connaît de vous. Vous êtes connecté au monde et votre rôle y est essentiel. On a besoin de vous et vos besoins sont soutenus et reconnus pour ce qu'ils sont. Suivez cet élan nourrissant et connecté. Et souvenez-vous : vous êtes aimé.

CARTE À L'ENVERS : vous vous sentez indigne d'être aimé et soutenu. Peut-être ressentez-vous le besoin de « prouver » votre valeur en faisant beaucoup de choses et en rendant service aux autres. La carte de la Gratitude à l'envers dénote un amour conditionnel ou égoïste. C'est le moi isolé, déconnecté du monde, qui présuppose que le véritable moi ne sera pas accepté par notre entourage et, plus largement, par le monde dans lequel nous vivons. Mais cette hypothèse peut être de mauvaise foi. Ouvrez vos mains et vous recevrez.

La Gratitude